演讲
其实
很简单

Give
Great
Presentations

[英] 露辛达·贝克尔（Lucinda Becker） 著

黄伟 陈艾 译

清華大學出版社
北京

北京市版权局著作权合同登记号　图字：01-2022-1333

First published in English under the title Give Great Presentations
by SAGE Publications, Ltd. ISBN：9781529701180
Copyright © 2020 by SAGE Publications, Ltd.
This edition has been translated and published under licence from SAGE Publications, Ltd.
此版本仅限中华人民共和国境内（不包括中国香港、澳门特别行政区和台湾地区）
销售。未经出版者预先书面许可，不得以任何方式复制或抄袭本书的任何部分。

图书在版编目（CIP）数据

演讲其实很简单 /（英）露辛达·贝克尔（Lucinda Becker）著；黄伟，陈艾译 . —北京：清华大学出版社，2023.5
书名原文：Give Great Presentations
ISBN 978-7-302-63354-9

Ⅰ.①演…　Ⅱ.①露…②黄…③陈…　Ⅲ.①演讲—语言艺术
Ⅳ.① H019

中国国家版本馆 CIP 数据核字 (2023) 第 061282 号

责任编辑：左玉冰
封面设计：徐　超
版式设计：方加青
责任校对：王荣静
责任印制：沈　露

出版发行：清华大学出版社
　　　　　网　　　址：http://www.tup.com.cn，http://www.wqbook.com
　　　　　地　　　址：北京清华大学学研大厦 A 座　邮　　编：100084
　　　　　社 总 机：010-83470000　　　　邮　　购：010-62786544
　　　　　投稿与读者服务：010-62776969，c-service@tup.tsinghua.edu.cn
　　　　　质 量 反 馈：010-62772015，zhiliang@tup.tsinghua.edu.cn
印 装 者：小森印刷霸州有限公司
经　　销：全国新华书店
开　　本：130mm×185mm　印　张：4.25　字　数：57 千字
版　　次：2023 年 5 月第 1 版　印　次：2023 年 5 月第 1 次印刷
定　　价：49.00 元

产品编号：094142-01

感谢杰西卡·崔、汉娜·摩尔、菲德拉·罗宾逊和雅各布·贝克尔对写作本书的帮助。

目录

你想了解的都在这本书里

第一节　一开始我需要做什么

把实际的事情做好会让你的旅程更轻松，因此，在你做任何事情之前，先问问这些问题。

第二节　谁会是我的听众

有人观看你演讲可能会让你感到紧张。这里提供的技巧将帮助你更好地借力于你的听众。

第三节　如何开始我的演讲

本节的重点是如何处理你的材料，使其印象深刻。这将为你提供尽可能好的机会，给你高光时刻。

第四节　我应该使用哪些演示辅助工具

演示辅助工具有很多种，每一种都有许多功能，可能会让人眼花缭乱。本节将帮助你做出正确的选择并正确地使用它们。

第五节　我应该如何排练我的演讲

没有事先排练的演讲是一场灾难。本书将指导你完成一个系统的排练，最终让你处于一个很好的状态，自信地进行演讲。

第六节　如何让我的肢体语言积极又令人信服

本节使你有机会摆脱消极的肢体语言，并能注意到听众肢体语言中的警告信号。

第七节　如果我太紧张发挥不好怎么办

如果你遵循本节中的放松技巧和指导，焦虑就不会压垮你。

第八节　怎样才能让我的演讲在当天获得成功

本节包含专家提示和实用建议，让你在演讲时状态持续在线。本书还会指导你演讲过程中出了问题该怎么做。

第九节　如何从我所做的演讲中受益

本节会告诉你在演讲后的几分钟、几小时、几天和几周内你能做些什么，这样你就能轻松地进入下一个更精彩的演讲！

一开始我需要做什么

10 秒概要

把实际的事情做好会让你的旅程更轻松，因此，在你做任何事情之前，先问问这些问题。

演讲可能会令人生畏，因此本节会确保你有一个良好的开端。这将有助于你思考实际问题，比如你将在何时何地演讲以及你将如何被评估。重点是选择正确的话题，这样你就会有掌控感。在本节结束时，你将找到创造精彩演讲所需的答案。

开始

每一个成功的演讲者都会告诉你，每做一次演讲，你都会成为一个更好的演讲者。随着时间的推移，我们都会对自己的演讲能力和说服听众的能力感到更加自信。这本书正是要为你节省一些时间，通过提供实用的方法来提高你的表现，为你提供做一场精彩演讲所需要的全部内容。

做一场演讲，你需要很有条理，这就是为什么本书将从一份清单开始。

在你计划做演讲时，你需要考虑到以下要点：

• 我演讲的题目是什么？

• 我是与小组一起展示还是单独演讲？

• 演讲是什么时候？

• 我将在哪里演讲？

• 会有一系列的演讲吗？

- 我的演讲需要多长时间？

- 会有提问环节吗？

- 分数对我的课程意味着什么？

你的主题从何而来

你的主题从何而来？主题是你自己选的，还是你的老师选的？是你可以任意挑选你想要讨论的主题，还是有一个标题清单供你选择？有没有一套指导方针让你可以根据它来设计自己的演讲标题？

你的整个班级或研讨小组可能已经进行了类似的活动，并在此活动中进行了汇报。如果所有演讲者的题目都一样，那么你就要自己组织材料来完成任务，使用符合自己论点的例子。别担心，你仍然可以让自己的演讲独一无二！

一个学生告诉我们

当我无法选择主题时，我感到演讲异常困难。

如果你的演讲主题让你不感兴趣，那就好好研究一下，在更广泛的范围内找到一些真正能让你兴奋的东西——总会有这样一些东西。

单独演讲还是小组展示

你是独自演讲还是在小组中展示？如果每个人都负责相同的领域，很可能你会有机会（或者被要求）做一个小组展示。留意本书中关于小组展示的建议，它将帮助你处于成功的有利位置。如果你要做一个小组展示，通常在决定话题之前进行充分的讨论将是更好的选择，而不是简单投票并遵循最受欢迎的选择。

如果你选择单独演讲，那么要确保你非常清楚对自己的期望是什么（例如，你是否打算与其他同学一起讨论，以确保你们没有使用相同的例子），然后忽略其他同学可能在做的事。

如果一个学期有一系列的学生报告，请避免仅仅因为一个主题安排在期末就选择它。选择一个你认为能做好演讲的主题比推迟演讲要好得多。

> "问问你自己，'如果我在舞台上只有60秒，我必须说些什么才能让别人理解我的意思？'"
>
> ——杰夫·杜瓦

找一个好的演讲题目

一个精彩的演讲往往依赖于一个好的标题。它应该是清晰的、可管理的、有吸引力的。你要寻找的演示文稿标题应该是：

- 你感兴趣的话题

- 与你的基础知识领域有一定的相关性

- 可以在规定的展示时间内完成

- 当你在选项列表中注意到它时，它会立即吸引你的注意力

- 对你而言是清晰的，当你重读标题时，你确信你已经理解了标题的内涵

如果你有机会为你的演示文稿创建自己的标题，你一定会选择一个在限定时间内很广泛的话题：我们都会这样做。所以，你必须在准备阶段花些时间来缩小你的话题范围。但这是一件好事，因为它会帮助你明确自己想说什么，想提出什么论点。没有人能在初稿中做到完美！

寻求建议

你一定不想在花费精力准备资料后，却发现你已经偏离了目标，哪怕是稍微偏离。因此，如果可以的话，在你做最后决定之前和你的老师谈谈。尽早确认你在正确的轨道上，这样可以让你把精力集中在取得好成绩上。此时老师的建议和支持会增强你的信心，集中你的精力，并节省你的时间。

学生们经常忽略的是以前的资料，包括往届学生使用过的幻灯片示例以及评分者对这些学生的表现反馈。查找你的课程或模块中是否有这些资源，它们甚至有可能在你准备演讲之前就给你提供了内部信息。

弄清演讲将如何影响你的成绩

提前了解你的演讲分数是否会计入你的课程或模块成绩是很重要的。仔细研究分数是如何分配的（也许是在你的准备工作、演示辅助工具和演讲技巧之间），这样你就可以有的放矢地做出最大的努力。

你可能无法选择演讲的长度、在哪里演讲、是否是一系列的演讲，以及演讲的形式。这没关系，只要你知道本节中所有问题的答案，并利用它们完成规划即可。

接下来需要明确的事项

问问你自己：

• 你的问题是什么

• 演讲时间

• 演讲地点

• 演讲对象

• 你是单独演讲还是小组展示

• 你的演讲需要多长时间

• 演讲将如何影响你的成绩

谁会是我的听众

10 秒概要

有人观看你演讲可能会让你感到紧张。这里提供的技巧将帮助你更好地借力于你的听众。

听众不是成功的障碍，也不需要畏惧。听众是由那些准备好听你讲话的人组成的，而你正好可以利用这一点来发挥你的优势。了解听众的观点是成功的关键，因为它能让你与听众建立积极的联系。做好充分的准备，了解你的听众，然后让听众参与进来，这将帮助你取得成功。

直面你的恐惧

想象一下这样的场景：你走进一个大而安静的房间，踏上一个空旷的舞台。一大群听众面对着你，聚光灯打下来，你必须面对一大群人，没有一个人面带微笑。

这样的场景对于面临演讲的人来说很常见，但如果你认为它是一场噩梦，那就错了。面对不同规模的听众演讲可能具有挑战性，但有一些步骤可以帮助你找到与听众对话的最佳方式——无论面对五个人还是五十个人。有些演讲者会告诉你，四十位听众比六个人的小团体更容易面对，而面对六十位听众则更加容易。有些演讲者则喜欢面对更小的群体。无论听众的规模是大是小，你都不需要担心，你只需要学习如何与你的听众合作，使之成为你的优势。

一个学生告诉我们

我从来不知道该说什么。

想一想听众想从你那里听到什么以及演讲的目的是什么，为什么你会站在这里？

借助你的听众

一旦你意识到任何数量的听众都是一个很好的听众规模，并且你需要让听众对你的演讲感兴趣，你就可以转向一个更积极的想法：如何让你的听众有机会帮助你？

四个关键方法让听众来帮助你

- 做好准备

- 了解你的听众

- 看着你的听众

- 寻找你的听众朋友

- **微笑！**

做好准备

当你觉得准备不充分时，听众是最可怕的，但通过使用这些技巧可以使演讲变得更容易。

- 确保你开场和结尾的幻灯片包含了容易掌握的、基础的信息。

- 第一张幻灯片写上你的名字和演讲的标题，最后一张幻灯片写上诸如"感谢你的聆听"的基本内容，它们将提醒你从基本信息开始，最后完成演示。

- 令人惊讶的是，演讲者往往对他们的最后一张幻灯片感到猝不及防，并试图点击下一张幻灯片，然后才意识到他们实际上已经完成了演示。这通常是因为紧张，但它总是让演讲者看起来毫无准备，从而失去留给听众的好印象。

- 在一张纸上用大字记下你的要点（不超过六个），并在发言时将这些要点放在你的面前。

- 避免举起你的笔记，尤其是当它们被记在一张大纸上的时候。如果你需要提醒的话，只须不时地瞥它们一眼。

- 从一开始就明确演示的结构。听众需要知道他们要听多久、你要讲什么以及他们什么时候可以提问。

- 学习如何创建"隐藏幻灯片"，即只有在你的展示速度过快、需要更多资料时才会使用的幻灯片，像PowerPoint这样的展示软件带有这个标准功能。你也可以制作一个"半隐藏幻灯片"。这是一张只有几个字的幻灯片，既可以用来总结你刚刚讲过的部分，也可以作为对你的提示，用来支持一些你可以当场引入的备用资料。

一个"半隐藏幻灯片"的例子可以是：

新形式的油漆生产对环境造成的损害是无法估量的。

这是你刚才演示内容的总结，还是一个允许你再增加几句话和更多资料的起点？两种情况都有可能：这就是"半隐藏幻灯片"的美妙之处。

了解你的听众

你可能不认识你的每一个听众，这没有问题。事实上，有时不认识每一张脸会更轻松。当然，他们也可能是一小群你已经见过很多次的人。不管你是否认识你的听众，你都需要了解他们。

需要回答的关于听众的问题：

✓ 到时会有多少人参加？

✓ 我认识所有人吗？

✓ 关于我的话题听众有多专业？

✓ 有多少人会为我的演讲打分？

✓ 会有人拍摄我吗？

✓ 演讲后是否会有听众给我正式的反馈？

这些问题的答案会为你提供筹划一个有效演讲所需要的所有信息，从而使你演讲成功。如果你知道听众有多专业，你就可以将你的演讲定位在适当的水平上，而不是让它变得不必要的复杂或缺少足够的细节。知道你是否会在演讲后直接得到反馈意味着你可以提前做好准备。

看着你的听众

决定看哪里可能是一个挑战。如果不与你的听众进行良好的眼神交流，他们会注意到这点并感到被忽视。同样，感觉到被盯着看的听众也容易紧张。

以下是与听众进行眼神交流的四个误区：

1. 将你的目光从一侧扫向另一侧，这样每个人都会感到被包括在内。

    ☹ 不！你看上去像在观看一场网球比赛。

2. 看听众头顶正上方的墙，这样会让你看起来很投入。

☹ 不！听众总是一眼就能看出这一点。

3. 想象你的听众赤身裸体或穿着滑稽的衣服，这样他们就不那么吓人了。

☹ 不！这会让你陷入错误的心态。

4. 在演示时始终看着你的幻灯片，这样会让你看上去乐在其中。

☹ 不！听众只会看到你的背影，而不是你的脸。

寻找你的听众朋友

有一个更好的方法来进行良好的眼神交流。找到两个"听众朋友"。他们可能不是你的朋友，但他们看起来热情友好，而且你可能已经在演讲前和他们打过招呼或聊过天了。在理想情况下，他们将坐在听众席的不同位置（如果你愿意，请你的学习伙伴担任这一角色）。

当你开始演讲时，向他们微笑，然后向全体听众微笑。在最初的几分钟里，再看他们一次，但这次扩大你的视线范围，使之包括他们周围的一些人（或者只是坐在他们旁边的一小群听众）。随着你信心的增强，扩大你的视线范围，直到包括所有的听众。

一旦你把每个人都包括在内，你就必须保持这种眼神交流，但要确保你注意到了听众中"难以触及"的地方（就在你旁边，最左边或最右边以及你的正前方），并有意保持与这些地方不时的眼神交流。

当然，这并不意味着你应该盯着你的听众。你肯定不想让任何人感到尴尬或有别于他人。另外，千万不要与给你演讲打分的人对视。偶尔礼貌的一瞥就足够了。除此之外，还要表现得好像打分者是听众中的普通成员一样。如果你盯着打分者看，这表明你只关心分数，而不是听众，这会使打分者感到不舒服。

微笑

当你准备演讲时，你的注意力将集中在听众想要获得什么上。你会明白你的概要，知道分数是如何分配的；你会计划好资料，制作漂亮的幻灯片并练习你的演讲。所有这些都是必要的，但如果你只做这些，你就会忽视听众最想要的东西：他们想看到你**微笑**！

如果你以自信的方式展示自己，你可以做好任何事情。

——凯蒂·佩里

对听众微笑表明你可能很紧张，但你也有决心与他们一起完成一个好的演讲。

在你演讲时

☺ 在你等待演讲时，笑容会让你看起来很投入。

☺ 在你看同伴演讲时。

☺ 在你演讲开始时，微笑会让每个人都知道你已经准备好了（但在等待现场完全安静时，避免露出固定的笑容，这样会让你显得很傲慢）。

☺ 在你演讲结束时，表明你已经完成了演示（最后一张幻灯片将加强这一点）。

☺ 如果出现技术故障，或者你的笔记掉了，或其他任何地方出了问题，你要向听众保证你仍然很好（微笑和少说话是最好的方式，冗长的道歉或含糊的借口听起来像是有些恐慌）。

在你回答问题时

☺ 当你告诉听众你很乐意回答问题时应保持微笑（即使你需要等待一段时间，也要保持微笑。如果你开始皱眉头，会让人感到紧张）。

☺ 微笑作为控制问题的一种方式（微笑的同时坚定地切断眼神交流，是进入下一个问题的最佳方式）。

☺ 在演讲结束时，直到听众鼓掌，或者你被邀请回到你的座位上，保持微笑（这个微笑可能是一种解脱，但不要太明显，不要让听众误认为你讨厌整件事情）。

恭喜你！

你可能觉得自己似乎仍处于起步阶段，但实际上你已经取得了超乎你想象的成就。你选择或创建了一个好的题目，并且考虑了听众的需求；你知道你想要达到什么目标，也知道别人会如何评估你。这些都是你作为一个演讲者成功的基础！

如何开始我的演讲

10秒概要

本节的重点是如何处理你的材料，使人印象深刻。这将为你提供尽可能好的机会，给你高光时刻。

60 *秒概要*

清楚你在演讲中想说什么，掌控手中的材料，是准备一场精彩演讲最重要的方面。要做到这一点，最好的办法是做好详细的计划，这样你就会对自己的目标充满信心，并清楚如何实现它。本节提出四种计划的方法，它们对演讲都很有效。现在花点时间来决定哪种方法最适合你的演讲，将为你节省之后的时间和精力。一个好的计划是一个精彩演讲的基石。

我该从哪里开始

不管你正在准备的演示文稿的具体内容是什么，以下是很多演讲者开始着手演示时的共同感受：

- 你的资料太多

- 你的资料缺乏重点

- 你看不到一条清晰的论证思路或合乎逻辑的信息流

- 你的结构看上去不太清晰

> 别慌！这实际上是一个很好的起点！

这是好事，因为它意味着：

- 你有大量的资料可用

- 你已经准备好专注于你的话题，并有选择地使用这些资料

- 你可以决定想要实现的目标

- 你正在考虑要使用的最佳规划方法

担心资料太多

在这些问题中，唯一可能成为长期问题的是资料太多。狠心一点，记住，好分数来自于你如何使用选定的材料，而不是费力地阅读大量信息。这是一个循序渐进的过程：当你知道你的论证思路是什么时，你就能轻松地决定删去哪些资料。在你经过仔细思考后，如果一个领域的资料看起来太多，便很容易删减或完全删除它。除此之外，即使你怀疑你的资料太多，也要让自己的论证思路保持延展。只有当你的计划形成后，你才能看到哪里需要删减。

你可以从演讲中删减的材料：

- 当你浏览完整计划时，任何明显不属于"核心材料"的东西

- 任何使你在演讲中偏离清晰路线的材料

- 非必要的、你可以在问答环节谈及的材料

- 可以放在讲义中的信息，只需在演讲中顺便提及

- 有些资料过于详细，无法在有限的时间内讲完，但你可以将其纳入演示结束后的一张图表中

精心计划是控制你的材料并有效利用它们的最可靠的方法。如果你的时间有限，计划是一个很好的方法，可以节省你改变主意和回头调整或修改演示文稿所浪费的时间。

一个学生告诉我们

"我不知道如何选择我的演讲重点，因为有这么多潜在的内容要讲。"

在计划你的演讲时，试着想象你将在 TED 演讲上发言，而且你必须在有限的时间内逗乐并吸引你的听众。

制定一个策略

一次演讲不可能涵盖关于主题的所有内容。为了防止自己偏离设定的路线，在你发言时将你的"概述清单"放在面前（这在第五节的第三次排练中有描述）。如果它有帮助的话，只须在顶部添加一两个描述关键信息的词，这些将是你演讲时的锚点。

好的演讲要以正确的方式向听众介绍材料。你需要一个策略来实现这一目标，并做好相应的准备。演示的计划可能会变得全面而复杂，但你可以使用简单的版本来开始……

蜘蛛 / 气泡图

蜘蛛 / 气泡图可以帮助你：

✓ 观察一个论点或情况的几个方面

✓ 看清优势和劣势

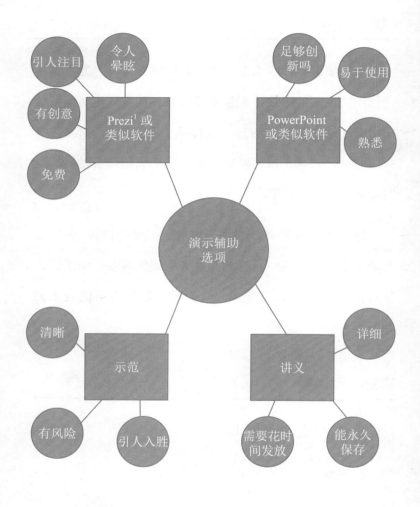

---

1. Prezi：是一种主要通过缩放动作和快捷动作使想法更加生动有趣的演示文稿软件。

流程图

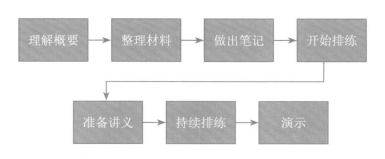

流程图可以帮助你：

- ✓ 展示论证的过程 / 逻辑链或信息 / 时间轴

- ✓ 一目了然地看到你是否在一连串的事件或资料中错过了什么

鱼骨 / 石川图

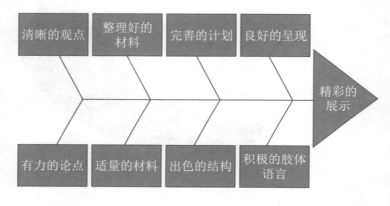

鱼骨图 / 石川图可以帮助你：

✓ 展示各种因素是如何共同影响结果的

✓ 展示流程中的变量

✓ 解释复杂的程序或活动

象限图

优点	弱点
• 清晰的简介和标题 • 足够的材料 • 渴望说服听众	• 一些细节还不确定 • 没有足够的时间适当排练
机会	**危胁**
• 有机会获得更多演讲练习 • 希望获得一个好的分数	• 小组其他成员准备好了吗？ • 还有其他问题吗？

象限图可以帮助你：

✓ 展示情况的不同方面

✓ 想象一个场景

✓ 做出一个结构合理、平衡的论证

重要提示！

如果你要以另一种形式展示已经完成的工作，比如一篇论文，试着使用"逆向工程"通读一遍，然后把它还原成计划的形式。这可以成为你准备演讲的基础，也会帮助你避免在演讲时纠结于过多的材料。

我应该使用哪些演示辅助工具

10 秒概要

演示辅助工具有很多种，每一种都有许多功能，可能会让人眼花缭乱。本节将帮助你做出正确的选择并很好地使用它们。

没有哪种演示辅助工具适合你所做的每一场演讲。你需要知道哪种演示辅助工具适合你，以及哪种工具最适合在每次新的演讲中达到想要的效果。除了技术，讲义作为辅助工具仍然很受欢迎，你的演讲环境也很重要。永远记住：你拥有的最好的演示辅助工具就是你自己！

选择正确的那个

市面上有许多演示辅助工具可供选择。本节的目的是帮助你找出最适合自己的演示辅助工具，记住，你将会使用不止一种辅助工具。本节提供了许多专家建议，不管你使用什么样的演示工具，这些建议会告诉你如何给人留下好印象（从而获得好成绩）。

记住，这些辅助工具是用来帮助你的。当你清楚自己已经掌握了足够的资料并能通过演示辅助工具证明这一点时，你会感到更加平静。

一个学生告诉我们

"一旦我开始演讲并能够充分展示我对这个话题的了解，我就能控制住自己的紧张情绪。"

51

PowerPoint 软件、Google Slides 软件、Apple Keynote 软件

PowerPoint 软件仍然被许多演讲者视为标准的软件包工具。它在屏幕上看起来就像一系列的文档页面，并具有很多功能。Google slides 软件和 Apple Keynote 软件也很相似，你可能也很熟悉。

优点：

✓ 标准软件包可以免费使用和下载。

✓ 可以使用在线版本。

✓ 使用起来很简单。

正确使用：

✓ 切勿使用小于 20 磅的 san serif 字体（如 Arial 或 Calibri）。

✓ 避免在幻灯片上使用会褪色的颜色（如红色和黄色），尝试最适合的文本和背景颜色。

✓ 你通常会希望在演示幻灯片上看到零星的标点符号，但要保持一致。

✓ 制作一两张介绍性的幻灯片，以帮助你和听众进入状态。

✓ 在小组展示中，使用一张幻灯片，以相同的主题／颜色贯穿始终。

✓ 空白的模板可能有点无聊，思考一下如何让你的演示文稿在视觉上脱颖而出。

好的幻灯片会给你一个强有力的起点，但记得要考虑当天的实际问题，如检查光线情况，你的幻灯片能否从听众席的各个角度被轻松看到？听众能听到你的声音吗？你需要麦克风吗？你需要考虑所需的技术，并制订一个计划来确保这一切顺利进行。如果你需要嵌入一个链接，请确保它在当天和你演讲的房间里能够正常工作。准备好网站，在屏幕上最小化，以防链接失败。

创意演示包

你可以找到一些在线演示包，让你摆脱一些比较传统的幻灯片功能。它们包括 Powtoon（全动画展示）、Prezi（如果你想摆脱标准幻灯片的格式）和 VideoScribe（如果你喜欢带有文本和其他功能的自动幻灯片）。

优点：

✓ 你可以通过一个有创意的演示吸引听众，减少压力。

✓ 制作幻灯片非常有趣。

✓ 你可以使用的功能范围很广泛。

正确使用：

✓ 和所有技术一样，要做一个备用计划，也许可以把屏幕截图放在你使用的讲义上。

✓ 不要分心，你不一定要使用所有令人兴奋的新功能，你首先要关注的点依然是好好演讲。

✓ 浏览速度不能太快，快速浏览幻灯片，可能会让一些听众分心，甚至感到不适。

✓ 如果小组中的一部分人正在考虑使用你们都喜欢的创意演示软件，你可能需要考虑订阅一段时间的付费功能。

✓ 经常查看你的大学提供了哪些免费的套餐，可能会有惊喜。

✓ 这些软件包大多数都免费提供 30 天的完整功能试用期。

现场演示

如果你已经有了一些成果，或者设计了一个过程或实验，现场演示可能是一个不错的选择。你需要确保你的演示环境让每个听众都能看到，并且你有足够的时间进行演示。

优点：

✓ 对听众来说，观看演示是一件令人激动的事情。

✓ 通常情况下，演示比描述更容易。

✓ 你有机会展示你在某个领域的专业知识，或者努力工作的最终成果。

正确使用：

✓ 演示的目的要清楚，要让你的听众明白你为什么要做演示。

✓ 演示在当天可能无法进行，为了以防万一，你要准备好备用方案，例如，你可以用一部影片来代替现场演示。

✓ 你还应该问问，演示所增加的复杂性是否会让你更紧张。演示有优点，也有必须要做准备工作的缺点，二者需要平衡，而不仅仅是说说而已。

讲义

讲义是标准的、传统的演示辅助工具，它们作为幻灯片的补充或替代仍然很受欢迎。如果你的演示一部分是根据你当天的表现打分，一部分是根据你提供的支持演示而制作的材料打分，你可能会被要求提供一份讲义。

优点：

✓ 技术含量低，准备起来也很简单。

✓ 听众会感到安心，因为他们可以不时地看一眼讲义，看看你接下来要讲什么，或者提醒他们你已经讲过什么。

✓ 它们允许你囊括更多的资料，而这些资料可能是你在幻灯片上无法提供的，你也可以为你的问答环节提供额外的材料。

正确使用：

✓ 你的讲义会成为你演讲的永久记录，评分者会重新对它进行详细的检查。花点时间和精力使它和你提交的其他书面作业一样好，好的讲义会让你获得更高的分数。

确保你计划得当——制作一份设计精良、有用且详细的讲义，并确保对其进行彻底的校对，这花费的时间可能远远超过你的预期。在听众中传阅讲义也会花费惊人的时间，所以你需要事先决定做这件事的最佳时机。如果你的演讲时间很短，这可能是一个不必要的干扰。

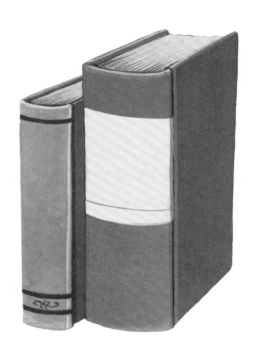

你的环境

人们很容易忘记，你演讲的房间也是一种辅助工具，就像任何辅助工具一样，它可以帮助也可能阻碍听众对你的关注。

需要考虑的事项：

✓ 合适的照明度至关重要，一定要了解如何控制房间内的照明，并在需要时花时间调整亮度。

✓ 一个通风良好的房间有助于集中注意力，如果你觉得房间太热，可以在演讲前打开一扇窗户（如果感觉太冷，你可以请人帮忙重新关上）。

✓ 座位很重要，每位听众都要能清楚地看到你，并有足够的空间做笔记而不感到局促。

正确做法：

✓ 你无法控制环境的每一个方面，但可以确保演讲区域是整洁的。

✓ 如果椅子需要移动，在你开始演讲之前就要放好。如果你要躲避一张摆放不当的桌子，或者你不得不围着一个太高或位置不合适的讲台说话，你会因此分心而降低效率。

✓ 你需要花点时间来调整演讲环境，务必移动一下需要移动的东西来帮助你更好地演讲。

在演讲过程中，环境可能会发生变化（嘈杂的空调可能会打断你，或者阳光可能会突然强烈）。演讲的房间周围的噪音并不总是容易控制，也无法预测。

这些问题也许可以解决，但如果不能解决，也不至于成为一个问题。不要让自己变得心慌意乱。如果你能改变，那就改变它。例如，如果由于外部噪音而无法进行演讲，可以要求换房间。如果做不到，就接受困难，然后试着把它放在一边。你的老师会注意到新增的问题，并将其考虑在内。如果前面有多个同伴进行演示，请注意观察，你可能已经注意到了这些变化，请提前做好准备。

你自己

本节讨论的所有演示辅助工具都有各自的重要性，但你拥有的最重要的演示辅助工具永远是你自己。

- 要适应报告厅，让它感觉像是"你自己的"空间。

- 听众知道你在意他们时会很开心，你的穿着和表现方式要显示出你对这个机会的重视，这会让人印象深刻。

- 你需要事先了解哪些技术可供你使用以及如何正确使用这些技术。

- 当你演讲时，轻微的分心和微小的错误都会被放大。如果你记得微笑，当你看到听众对你微笑时，这些小问题就会立刻变得不那么明显。

- 当你需要面对这么多事情时，你必然会感到一些压力。这就是为什么排练很重要，这也是本书下一节的主题。

恭喜你!

你的演示文稿已经基本完成,你拥有具有说服力的资料用以展示,现在你可以满怀信心继续前进了。在排练的过程中,你一定会对材料进行一些修改,幻灯片在这个阶段可能还只是计划,但你现在应该感觉到压力水平略有下降了!

我应该如何排练我的演讲

10 秒概要

没有事先排练的演讲是一场灾难。本书将指导你完成一个系统的排练，最终让你处于一个很好的状态，演讲时充满自信。

　　过度排练的演讲可能听起来生硬而毫无生气，这可能会让听众感到无聊。然而，排练不足的演讲会让听众感到痛苦。当他们看到你没有把握，就会为你感到不安和焦虑。如果你遵循一个好的排练程序，并且知道每次排练的目的，将对你自己和听众都有帮助。这一定是获得好成绩的最好方法，要对自己的演讲有信心。

需要练习多少次

在本书的开头，我曾非常肯定地说，你做的每一次演讲都会使你成为更好的演讲者。因此，从某种程度上来说，每一次排练都会使演讲变得更好，这是有道理的。有效排练的秘诀是知道何时开始以及何时结束。过度排练的演讲听起来可能相当乏味。

一个学生告诉我们

"我在演讲时会很忙乱，以至于忘记了接下来要做什么。"

即使只练习一次，也会极大地改善你的演讲效果，增强你的自信。

在资料还没整理和准备好之前，不要开始排练。你可以在制作幻灯片之前开始排练，这样你就可以在制作幻灯片之前了解你是否有足够的资料以及如何将这些资料组织起来。

时机

在每次排练中，你需要不断检查你的呼吸是否稳定，是否保持良好的节奏。你应该以每分钟 140 ～ 150 字的速度说话。

要使排练达到最佳效果，就要知道你在每次的排练中要达到什么目标。你不太可能需要超过六次的完整排练。

第一次排练

如果你在演讲中滔滔不绝地讲了太多的内容，是很难获得好分数的。让自己轻松一点——现在就削减资料，这样你就能更好地控制时间。

参考一套完整的笔记，或者如果你愿意，可以使用你的演讲稿。

判断时间。你能否在有限的时间内讲完所有材料？你有多长时间？

目标是在每 20 分钟内演示 17 ～ 18 分钟的材料，包括留出看幻灯片的时间，因为演讲的时间通常比你预期的要长。

重新制作一套简化的笔记或讲稿。

"没有一个听众抱怨过演示或讲话太短。"

——斯蒂芬·基格

第二次排练

第一次排练后重新修改材料时，一定要检查你的计划。也许你可以简单地删除或增加某个部分，从而达到更好的演讲效果。

参考简化后的笔记或讲稿。

找准感觉。现在你已经对材料进行了调整，它们能否很好地结合起来？

目标是摆脱对笔记或讲稿的依赖，使你的演讲保持新鲜感。

重新制作一套提示卡（明信片大小），引导你愉快地完成演讲。如果你在开始排练前没有制作幻灯片，你可以选择在此时制作。

第三次排练

躲在一张演讲稿后面太容易了，但纸一抖就会暴露你的紧张感。在演讲时照本宣科绝不是个好主意，单纯背诵演讲稿并希望自己在当天能复述出来，效果也不好。你应该始终使用卡片或幻灯片引导你完成演讲。

根据你的提示卡或你的幻灯片来指导演讲。

寻找一种更精湛的表现，这是对演讲内容感到舒适的开始。

目标是制作你的幻灯片。如果你已经有了幻灯片，现在是完善它们的最佳时机，对其进行调整，使其完美适应你的演讲。你也可以选择在一张纸上列出关键部分的要点，在演讲时将其放在面前的桌子上（不要拿起它）。通过演示接下来你要说什么，来缓解你的紧张情绪。

重新制作有用且更简短的提示卡，如果你打算在当天使用它们的话。同时完善、改进幻灯片，它现在可能是你唯一的提示。

第四次排练

如果你使用的是提示卡，可以在其中一些卡片上添加小注解来提醒你：比如"一半了""微笑""面对观众""慢下来"等。添加一些积极的提示，有助于提高你的表观。

根据卡片或幻灯片开始你的排练，最后决定你是否需要提示卡。

找到幻灯片与演讲节奏的契合度。由于你将在这次排练中使用所有幻灯片，请保证听众有时间阅读并吸收它们，从而判断时间安排是否合适。

目标是对资料做一些调整，从这一点上来说，不需要实质性的返工。

第五次排练

这是正式演讲前最后一次全面排练。抓住机会邀请朋友对你的排练情况进行反馈。向他们解释你只希望做一些小的改动，所以需要他们给予支持并听取他们的意见和建议。

根据提示（幻灯片或卡片）的最终版本进行演讲，抑制对其进行过多改动的冲动。

关注你的感受。你是否感觉更舒服了？是否已经掌握了所有资料？紧张，但准备好了？即使你不是一个天生自信的演讲者，这些也可能是你当下的感觉。

目标是感觉自信并且准备就绪。

第六次排练

这是你最后的排练。尽量在演讲当天进行。你可以进行一次完整的演练（最好是在你将要演讲的房间里），或者，通读幻灯片或提示卡，提醒自己接下来要做什么，如果你觉得这样做更有用的话。

把你的幻灯片打印出来是个好主意，这样你就可以参照它们进行最后的排练。如果你的演讲是系列演讲之一，那么在你等待的过程中，不时认真地看一下自己的幻灯片，可以让你安心并保持自信。

当你完成了这个排练计划，觉得自己已经准备好了，就停止排练吧！只须给自己留点空间，在正式演讲前进行最后一次演练，以增强信心。

如何让我的肢体语言积极又令人信服

10 秒概要

本节使你有机会摆脱消极的肢体语言，并能注意到听众肢体语言中的警告信号。

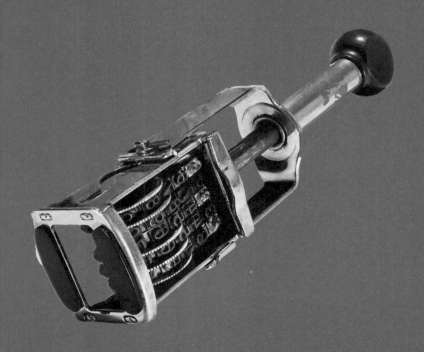

幸运的是，你不需要成为这方面的专家，你只需要学习足够的相关知识，充分利用肢体语言的优势，确保在你演讲时，它不会影响你的发挥。本节向你呈现演讲者最常见的肢体语言问题，教你如何避免这些问题，并按照建议给人留下良好的肢体语言印象。在听众中发现潜在麻烦的迹象主要来源于听众的肢体语言，所以这里也给出了有关于肢体语言危险信号的指导。

肢体语言的重要性

肢体语言（也称为**非语言沟通，或 NVC**）是迷人的，并且十分重要。研究表明，我们交流的内容中只有不到 10% 与我们所说的话有关，其他的都依赖于我们的语气、面部表情和更广泛的肢体语言。你的挑战是让肢体语言为你工作，而且要快。这意味着你没有时间深入研究这个话题，你只需要知道如何避免麻烦，如何创造一个积极的印象以及如何阅读基本的肢体语言。

NVC（non-verbal communication），即非语言沟通，也称为"肢体语言"：通过面部表情、姿态、手势和身体来表达你的感受。

避免麻烦

你可能不想仅仅因为要做演讲就明显改变自己的肢体语言。毕竟，你就是你，一个可以与听众建立联系的人。有很多成熟的社交技巧可以从日常生活中借鉴！

避免麻烦就是要消除关系中无意识的障碍。这里提到的消极肢体语言信号可能是你日常生活方式的一部分，在日常生活中可能不会造成任何影响，所以你不必过分担心，它们只需要从你的演讲中剔除即可。

皱眉头

意味着我在评判我的听众，这让我很失望。

如何避免：你可能不知道自己是否有皱眉的倾向，或者你不知道当你紧张时可能会皱眉。可以让一个朋友告诉你，你是否是一个经常皱眉的人。如果是，试着微笑，人很难同时皱眉和微笑。检查房间的光线是否太亮或太暗，以及你是否不得不眯着眼睛看向你的观众或屏幕。

站不直

意味着我对自己所说的话没信心。

如何避免：通过充分的准备和排练来获得信心，然后考虑"小道具"是否会有帮助，比如穿着与平时不同，或者使用提示卡等。同时也要注意呼吸，这将有助于你站直身体（在本节后面的放松部分会有更多这方面的介绍）。

交叉双臂

意味着我不想和你说话。

如何避免：人们常常对自己的这种行为感到惊讶，所以请朋友检查一下你是否出现这种情况，如果是，刻意把自己的手放在一个更好的位置上，比如轻轻地把手放在膝盖上或桌子上，这将打破交叉双臂的习惯。

背对听众

意味着我很害怕。

如何避免：注意你的脚朝向哪个方向。如果你的脚趾正对着听众，你的身体就很难背对他们。

无精打采

意味着我并不那么在意我的演讲或听众。

如何避免：移除任何可能导致你懒散或弯腰驼背的东西（讲台、桌子、椅子或类似的东西），并把你的手从口袋里拿出来。

眼神逃避

意味着我太紧张了以至于不敢看你，或者我在对你撒谎。

如何避免：每次排练和演讲时都要练习眼神交流技巧。

一个学生告诉我们

"我的听众不是一块死木板，我必须要显得有趣，这很可怕！"

这很可怕，但也很刺激。听众只是来听你讲话的，你的资料和辅助工具固然很重要，但你才是演讲中最有趣的部分：使用积极的语言吸引听众参与你要说的内容。

创造好的印象

　　一个好的印象很大程度来自于消除你和听众之间的障碍，这一定程度上取决于你的资料、展示方式和辅助工具，也取决于你给听众的肢体语言信号。

消除障碍：

✓ 自始至终保持包容的和自然的眼神交流。

✓ 始终面对你的听众，除非你切换到一张新的幻灯片，需要侧身与听众一起短暂地看一下。

✓ 保持姿态开放，不要交叉双臂，也不要将提示卡横在你的脸前。

✓ 避免意外的攻击：不要握紧拳头、皱眉、眯眼或指着听众。

✓ 保持微笑。

勇敢

感受你与听众之间的联系，让自己看起来积极和热情的最好方法是真诚地感受这些情绪，即使这些情绪因为你天然地有点紧张而略微减弱。紧张并不意味着你不想做，如果你对所演讲的材料表现出热情和自豪，你的任务就会变得更容易。

阅读肢体语言

你不需要成为一个肢体语言专家。事实上，试图读懂房间里的每一个肢体语言信号会让人分心。相反，应该采取一个更简单的方法。你需要认识到，即使你看到似乎是负面的信号，你也不需要担心。皱眉可能反映了头痛，眯眼可能是视力不佳，叹气可能是疲劳。因此，只有在你同时看到几个持续的信号时，你才需要关注负面的肢体语言。

虽然消极的信号可能是误导，但积极的信号却不是。微笑很可能是真诚的（回以微笑！），身体前倾表明对演讲者所讲的内容感兴趣，点头表示参与和同意，低头做笔记则显示出这是一个全神贯注的听众。

除此之外，还有两种特别的态度应该引起注意，特别是在你进行问答环节时。

小心——太紧张

一个身体前倾的人，可能也正在皱着眉头。如果你试图与之进行眼神交流，对方可能会把目光移开，或者长时间盯着你看，有时还会皱着眉头。对方的双手会紧紧握住或连在一起，肩膀可能会抬高，这个人可能看起来很想说话。这种程度的紧张可能是在告诉你，听众强烈反对你的观点。

小心——太放松

　　一位听众向后倚在椅子上，双腿伸向前方，双手垂在身体一侧。这可能非常引人注目，因为这个人几乎是仰躺着，几乎很少与你有眼神交流，只是偶尔疑惑地看你一眼。这个人不会做笔记，也不会对你说的话有明显的参与感。

如果你看到听众表现出这两种类型的肢体语言，要主动出击：

✓ 在你的演讲过程中，不要额外关注他们。

✓ 无论他们看起来多么绝望，都不要停下来并期待地看着他们。

✓ 不要偏离你计划的材料来试图证明你的方法是正确的，即使这种肢体语言让你感觉很不舒服。

✓ 准备好让他们在你演讲结束后立即离开。

✓ 如果他们留下来参加问答环节，你要准备好公开承认你可能不知道某个问题的答案。

✓ 如果他们在问答或讨论环节中变得过于直言不讳或吹毛求疵，请相信你的听众。有人可能会介入，以避免形成一个过长的问题。

在本节中，你已经考虑了一般的肢体语言。在下一节中，你将进一步了解因紧张而产生的特定肢体语言类型。

恭喜你！

　　到目前为止，你已经做了大量的工作，所以现在花点时间来庆祝你取得的成就吧。你有一个计划，你已经排练了演讲，你已经掌控了将要进行演讲的环境。

　　你可能仍然对你精心准备的演讲材料感到焦虑，但反观你所取得的进步将帮助你意识到你已经准备好了！

如果我太紧张发挥不好怎么办

10秒概要

如果你遵循本节中的放松技巧和指导，焦虑就不会压垮你。

　　无论你在演讲前有多紧张，你都可以很好地利用这些情绪。它们能让你更好地思考，快速反应，面对棘手的情况泰然处之。它们也会使你感到很不稳定，无法控制局面。因此，你需要使用放松技巧来帮助你保持恰当的紧张状态，这样你就可以有效地利用它来养成良好的演讲习惯，并与你的听众保持最佳关系。

紧张是好事

在演讲前感到紧张永远是一件好事，这表明你在认真对待它，你已经做好准备，并且渴望以最好的方式展示你的材料和你自己。一旦认识到紧张可以成为你的朋友，你会立刻感觉更积极。奇怪的是，你也不觉得那么紧张了。你的注意力将集中在你需要的地方：做一场精彩的演讲。

一个学生告诉我们

"每当我开始想我可能做错的每一件事，我就感到越来越紧张。"

对自己持否定态度是没有意义的，除非它能指引你改进。如果你能以某种方式改变它，那就去做；如果你不能，就把它放在一边，专注于你能控制的事情。

控制你的紧张习惯

紧张会导致你在日常情况下做出与你平时完全不同的行为，所以你需要注意（或请朋友检查）这些消极的紧张习惯。

来回摇晃

来回摇晃可以让演讲者在看到听众不断后退时感到舒适，这很快就会成为一种习惯。

如何解决　让你的双脚比平时稍稍分开一点。

左右摇摆

反复左右摇摆是令人放松的，尤其是当你的衣服足够宽松，可以随着你一起摆动的时候。

如何解决 让你的双脚比平时稍稍靠近一点。

遮挡

通过时不时地挠鼻子、向后捋头发或者闭上眼睛来遮住视线都是一种片刻逃避听众的方法。

如何解决 慢慢深呼吸以减少你的紧张。

坐立不安

反复拨弄口袋里的钥匙，点击和松开激光笔，打开和关闭演示文稿的指示器，所有这些事情都会让人上瘾。

如何解决 从你自己身上和所处的演讲空间中移走所有容易让你坐立不安的物品。

扭动

当我们紧张的时候，腿和脚会做一些奇怪的事情，比如扭来扭去，或者腿和脚来回盘在椅子腿或桌子腿上。

如何解决 注意你的脚，然后让它们朝向你希望身体其他部位朝向的方向。

扣纽扣

扣上又解开羊毛衫的纽扣，拉上又解开夹克的拉链，调整袖口或裤子，所有这些都是不被注意到的，让你感觉更平静的方式，因此这很容易成为演讲时的习惯。

如何解决 确保你的演讲装束上没有这些"易上瘾"的诱惑。

乱扔东西

当你完成一个部分的演讲时，你的放松可能会导致一个奇怪而明显的习惯，比如你会将提示卡随意扔在面前的桌子上。

如何解决 在演讲结束后检查一下演讲空间，桌子上是否散落着卡片，如果有的话，你就知道要改掉这个习惯，或者改成用幻灯片来提示。

指示

使用指示器或**激光笔**反复指出幻灯片上的文字，或者更糟糕的是，激光笔的光点只是在幻灯片的某一个区域转动，这些是绝对没有必要的。这样做只是为了避免看着观众并感觉自己一切尽在掌握。

> **激光笔**　一种类似于笔的设备，可以发射出一束激光，方便你从远处指向幻灯片上的材料。

如何解决　永远不要指着幻灯片上的文字，只有当你知道观众需要这种帮助时才指向图像。理想情况下，除非你有绝对的需要，否则在你演讲时不要带着教鞭或激光笔。

身体前倾

你必须尊重听众的空间，这与你的空间是分开的。如果你很紧张，急于表达自己的观点，你可能会忍不住想要冲进那个禁区。

如何解决　在演讲之前，在你的脑海中明确勾勒出空间的边界。

僵硬

通常从你的脚开始（你会不自然地站着不动），沿着你的身体向上传播，直至到达你的胸部（你的呼吸变得很浅）或你的肩膀（你的脖子会感到僵硬和酸痛）。

如何解决 只须移动你的臀部，你身体的其他部分会随着这个小小的动作而"解冻"。

询问朋友

尽管你可能存在所有这些潜在的问题，但解决方法很简单。请一位朋友或同学观看你的排练或演讲，提前告知他们这些问题，他们就会提醒你。一般来说，只要演讲者意识到自己有紧张的习惯，他们就能迅速解决这个问题：意识是关键。请记住，这种情况下紧张是很正常的，并不是只有你一个人紧张。

"有两种类型的演讲者，紧张的人和撒谎的人。"

——马克·吐温

接受你的怪癖

有些紧张的表情是你很难控制的，比如脸红、结巴和轻微的抽搐。努力接受它，这些是你的一部分。它们不会让你在演讲中失去任何分数，接受它们会让你专注于获得更高的分数。

利用你的紧张习惯

你知道你会紧张，所以你可以用肾上腺素来培养紧张的习惯，以帮助建立你与听众的关系。

积极的紧张习惯包括：

✓ 微笑：这将使你和你的听众都感觉更好。

✓ 张开你的手：松开你的手，轻轻地转动你的手指，这将有助于你放松，并保证听众不会接收到一个咄咄逼人的信号。

✓ 有控制的手部动作：用张开的手势强调一个观点而不设定节奏，将有助于吸引听众。

✓ 眼神交流：你与听众眼神交流越多，就越有机会让他们对你微笑并表现出兴趣，这样你就会变得更加自信。

✓ 预先计划动作：一个没有动作的演讲会给人一种奇怪的、死气沉沉的感觉，确保你在排练中有意地加入一些动作，可以是故意转过身去看一下幻灯片，或者时不时地朝听众席稍微挪动一下。

学会放松

紧张是好事，但如果它让你无法正常工作就不好了。以下这个放松流程将有助于控制你的紧张情绪，并且可以在观众面前不引人注目地进行。

试试这个技巧

第 1 步： 双脚分开坐好，大致与胯同齐，双脚平放在地板上，面向前方，扭动你的脚趾。

第 2 步： 将双手放在大腿上，手指放松并微微分开。

第 3 步： 放松肩膀，尝试将它们放低，如果你觉得这很难，可以拉长你的脖子后部。

第 4 步： 放松下巴，确保舌头没有抵在上颚上。

第 5 步： 用你的右手紧紧（但不要太用力）按压你左肩后面肩胛骨顶部的肌肉。穿过你背部的顶部，每隔几厘米就按压一次，然后再向下轻轻地捏你的手臂。

第 6 步： 用你的左手在身体的右侧重复上一步。

第 7 步： 自然呼气，闭上嘴等待。当你真的需要呼吸时，再张开嘴。如果你不使用你的背部和胸部肌肉呼吸，你的横膈膜（就在你的肺下面）就会突然下降，你会深深地吸一口气，放松下来。

第 8 步： 再重复上一步两次。

第 9 步： 微笑。这会提醒你的身体，你现在更放松了，并让你的听众放心，即使你确实感到紧张，你也渴望做一个好的演讲。

怎样才能让我的演讲
在当天获得成功

10秒概要

本节包含专家提示和实用建议，
让你在演讲时状态持续在线。
本书还会指导你演进过程中出
了问题该怎么做。

　　演讲有不同的方面，每个方面都可以做得很成功，这样它们就可以结合在一起组成一个精彩的演讲。无论这次的演讲与你以前所做的任何演讲有多么不同，这里都有一些准则可以让你继续往前走。本节将为你提供实用的指导，教你如何做开场白和结束语，如何使用好你的幻灯片以及如何吸引听众，还能帮助你控制演讲中极其重要的最后环节：问答环节。

演讲必备

你所做的每一次演讲都是独一无二的,但这里有一些你在每次演讲中都需要做的事情。

自我介绍

怎么做? 说出你的名字,并把名字放在第一张幻灯片上。

为什么? 因为听众想了解你,并且打分者可能不会立即想起你的名字。

如果不知道演讲者的名字,提问题是很尴尬的。因此你需要给第一张幻灯片留足时间,让听众记下你的名字。你也可以在最后一张幻灯片上写上你的名字(或电子邮件地址,如果地址包含名字的话)。

分享你的结构

怎么做? 第二张幻灯片可以列出你的演讲结构——展示将涵盖哪些内容以及如何涵盖。

为什么？ 你需要听众从一开始就集中注意力。

强化结构不会是徒劳的，因此讲义也要包括一个结构大纲。

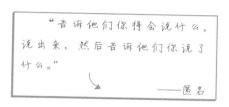

> "告诉他们你将会说什么，说出来，然后告诉他们你说了什么。"
>
> ——匿名

使用幻灯片

怎么做？ 每当你移到一张新幻灯片时，转过身来和听众一起看。通读一下，花点时间，然后再转回来面对听众。

为什么？ 幻灯片具有冲击力，同时也能暂时将焦点从你身上移开。幻灯片包含了大量的信息，也可以作为你的提示。

让听众确信你了解你的幻灯片，永远不要对自己的演示文稿感到惊讶，这种转身的习惯会有所帮助。

灵活一点

怎么做？ 如果你被要求比计划的时间稍晚一点进行演讲，或者设备出了问题，或者你不得不转移房间，在做必做的事情之前，花一点时间对每个人微笑，这将获得听众的好感。

为什么？ 这将表明你对你的演讲充满热情、准备充分并且十分有信心。即使你真的遇到了麻烦，平和地接受是必不可少的，反复提及故障会让大家感到焦虑。

参与

怎么做？ 养成不时扫视房间的习惯。如果你认为有太多的人没有参与进来，那就暂停一下，往前挪一点，微笑着提出下一个观点。

为什么？ 不听你讲话的听众会感到无聊，注意力不集中的打分者可能会为此给你打低分。

这种定期的调查将帮助你发现是否有人明显想要问问题。如果没有积极的非语言交流，你可以给提问者一点时间。提问者的问题可能是要求你澄清某个问题，这样那个听众其实是在帮助你。

干脆地结束

怎么做？ 反复练习你的结束语，这样你就能以一个清晰而积极的观点结束，比如："谢谢大家的聆听，请问还有什么问题吗？"

为什么？ 一场好的演讲很容易因为最后的印象不佳而失分，如果你喃喃自语"我要说的就这么多"，听众可能不确定你是否真的完成了演讲。

尽管在被评估的演讲中应尽量减少幽默，但如果真的要使用幽默的话，一些轻松的笑话会很有效。和你的支持者确认一下，你最后的诙谐评论能否打动听众。如果你感到不确定，请避免使用幽默。

问答环节

这是演讲中最让人担忧的一个部分。你正在向听众开放空间，他们可能会问任何问题，这很有挑战性。

一个学生告诉我们

"我怎样才能让听众参与进来，和我的演讲互动？"

使用问题！问题迫使听众成为一个更具互动性的角色，而不是仅仅保持被动。

你可以通过遵循以下几点来减少你的焦虑，让你的问答更加成功：

- 在演讲开始时，说明问答环节的时间。

- 明确地结束，提醒听众问答环节将持续多长时间。

- 微笑——这将鼓励大家提问。

- 让沉默发生——如果你简单地等待，也许就会有问题提出来。

- 在小组演讲中，由一个人负责回答问题，并将每个问题引向一个小组成员。

- 注意非语言沟通，以便为每个提问者做好准备。

- 在回答每个问题时，先直视提问者，然后将目光投向所有听众。

- 如果你收到了一个很好的问题，尽量避免回答太长时间，因为有可能其他人还有问题要问。

- 如果你不知道某个问题的答案，就说出来，并补充说明你稍后会研究这个问题。

- 如果提问者试图接管话题，向他解释你觉得这个话题很有趣，你很愿意在活动结束后与其进一步讨论这个问题。

- 严格遵守提问的时间。如果你超时了，听众可能会变得焦虑。看一眼组织者，通常会对活动的结束带来帮助。

恭喜你！

　　你将会感到一种巨大的成就感，可能还有巨大的解脱感，因为你已经征服了一场演讲。你一定会想到那些你在今后要改进的方面，每个好的演讲者都会这样做，但这是一个值得回味的时刻。

如何从我所做的演讲中受益

10秒概要

本节会告诉你在演讲后的几分钟、几小时、几天和几周内你能做些什么，这样你就能轻松地进入下一个更精彩的演讲！

你的每一次演讲都会让你成为一个更好的演讲者，但你很容易错过从经验中学习的机会，你需要将这种有价值的知识转化为你将面临的下一个挑战。改进你的下一次演讲开始于演讲结束后的几分钟内，并在演讲结束后持续几周，但这不会很艰难。只要记下来，按照建议循序渐进地去做，你就可以在演讲后的两分钟到一个月内完成这个过程。

"在演讲结束后我总是注意到所有出错的地方，并感到沮丧。"

所以，接下来做什么

每个人在演讲中都有可以做得更好的地方，这可以通过反思和比较进行确定和加强，下次你就会做得更好！

现在，有一些需要思考的问题：

• 演讲结束后两分钟

拿走你的闪存卡、提示卡和展示材料。如果没有拿全，你需要在事后整理好。

• 演讲结束后五分钟

如果在你的演讲结束后还有其他活动，请继续参与。你需要支持其他人，尤其是如果你的分数有一部分取决于你的参与。

- 演讲结束后一小时

  接受所有的祝贺，然后继续你的一天。和其他演讲者一起分析演讲时发生了哪些可能会让你过于关注的微小方面。

- 演讲结束后当天晚上

  如果你的演讲被拍摄下来，现在就看一看，这样你就可以发现任何需要改进的地方。趁你对这段经历还记忆犹新的时候进行这一步，这样你就可以直观地评判你的表现。

- 演讲结束后一周

  忘掉它吧！但前提是你已经花了 15 分钟时间对此进行过安静的思考。你的演讲是否有某个方面是你想在下次展示中重点关注的？

- 演讲结束后一个月

只要你有时间准备，就报名参加尽可能多的演讲。练习是能力提升的最好方法，所以你需要尽可能地抓住这些机会。

除此以外，为所有的努力和勇敢给自己一个大大的鼓励。你已经完成了一次很棒的演讲，现在是时候迈出下一步了：做一场更好的演讲！

最终检查表：
如何知道你已经完成
本书的学习

1. 你是否觉得自己有一个吸引人的、可掌控的演讲主题？ ☐

2. 你是否对听众有足够的了解，从而能够有针对性地使用你的材料？ ☐

3. 你是否已经确定了首选的准备方案？ ☐

4. 你的演讲辅助工具会在演讲的每个阶段都给予你支持吗？ ☐

5　你是否在计划中安排了排练？　□

6　你确定你的肢体语言令人信服吗？　□

7　你是否练习过本书中的放松技巧？　□

8　你是否清楚当天你的演讲会给你和你的听众带来
　　什么？　□

术语汇编

NVC 非语言交流，也称为"肢体语言"，通过面部表情、姿态、手势和身体动作来表达你的感受。

总结性报告 在课程或模块中可以计入学分的展示。它将总结你对某一主题的认识，其分数将影响你的最终成绩。

形成性展示 可能会也可能不会有分数，不计入学分，因此不会影响你的最终成绩。它将展示你对一个主题或领域的理解。

研讨会演讲 这可能是研讨会、学习小组或辅导讲座的跳板。它将是非正式的（也许甚至不会包括幻灯片或其他展示辅助工具），并将用于对某个主题的讨论。

视觉教具　与音频教具一起通常被称为演示教具，包括幻灯片、示范、讲义、视频或音频剪辑以及其他任何支持你的材料。

点击器　一种小型设备，你可以在演讲时拿在手里，可以点击向前浏览幻灯片。

激光笔　一种类似于钢笔的设备，可以投射出激光束，让你从远处指向幻灯片上的材料。

顶置投影仪（OHP）　现在很少使用，但它可以把一张透明的醋酸纤维片上的图像投射到屏幕上。更现代的投影系统允许你把一张纸上的图像投到屏幕上。

智能板　一种电子白板，可以让你在做演示时对幻灯片进行注释。

更多资源

这里有一系列的资源，可以为你提升演讲技巧提供进一步的帮助和支持：

Prezi 演示文稿软件：**prezi.com**

Powtoon 演示软件：**www.powtoon.com**

Videoscribe 手绘动画制作软件：**www.videoscribe.com**

Vimeo 高清视频播客网站（如果你正在拍摄素材，它会非常有用）：**www.vimeo.com**

TED 讲座（观看一些触动人心的演讲技巧）：**www.ted.com/talks**